Wolfgang Vorländer

Du musst (nicht) siegen!

Wolfgang Vorländer

Du musst (nicht) siegen!

Karriere, Sinn und Lebensglück

Brendow
VERLAG + MEDIEN

Bibliografische Information Der Deutschen Bibliothek
Die Deutsche Bibliothek verzeichnet diese Publikation in der Deutschen Nationalbibliografie; detaillierte bibliografische Daten sind im Internet über http://dnb.ddb.de abrufbar.

Einbandgestaltung: Georg Design, Münster
Titelfoto: Zefa
Satz: AbSatz, Klein Nordende
ISBN 3-87067-987-5
Besuchen Sie uns auch im Internet: www.brendow-verlag.de

Inhalt

I.

Auf der Suche nach Sinn und für die Seele ein Zuhause

Begegnungen

Menschengeschichten

Mein Beruf als Pfarrer ist ein Leben in Begegnung mit Menschen und ihrer ganz persönlichen Lebensgeschichte. Es sind Menschen aus den unterschiedlichsten gesellschaftlichen Gruppen, mit den verschiedensten beruflichen und privaten Hintergründen. Ich beschäftige mich also vorwiegend mit Menschengeschichten, nicht mit Produkten. Allerdings gewinne ich manchmal den Eindruck: Menschen können zum Produkt ihrer gesellschaftlichen und wirtschaftlichen Lebensbedingungen werden. Für mich ist damit bereits eine Problemanzeige gegeben.

Vertrauen und Offenheit

In der persönlichen seelsorglichen Begegnung kommt es darauf an, eine Atmosphäre des Vertrauens herzustellen, in der ein Mensch sich wirklich öffnen und „sein Visier hochklappen" kann. Denn wo kann ein Mensch sich heute wirkliche Offenheit leisten und zeigen, was er wirklich fühlt und wie es ihm tatsächlich geht; wo kann er sein Gesicht zeigen, ohne sogleich Angst haben zu müssen, es zu verlieren?

Erfahrungsgemäß kaum in seinem beruflichen Umfeld. Aber auch selten genug in seiner Freizeit und unter Freunden. Wird etwa der Tennispartner an seinen persönlichen Fragen, Nöten und inneren Kämpfen Interesse haben? Würde eine solche Offenheit ihn nicht vielleicht an seine

eigene verzweifelte Daseinsinszenierung erinnern und in ihm Abwehrreaktionen wecken?
Ich erlebe also Menschen häufig außerhalb ihrer Funktion – als Person. Da kommen Wahrheiten an den Tag, die sonst in der Regel nicht offenbart werden.

Die private „Rückseite" des Lebens

Die vertrauliche, seelsorgliche Begegnung bedeutet mithin eine besonders intensive Wahrnehmung des Menschen – ohne den Schutzschild, den wir alle mit uns führen. Es geht hier sozusagen um die private „Rückseite" des Lebens, ohne die betriebliche oder berufliche Rolle.

Ich treffe Menschen also dort an, wo sie ihre Krawatte oder ihr berufsspezifisches Outfit abgelegt haben und nicht in ihrer gesellschaftlichen Funktion auftreten. Vielleicht findet diese Begegnung sogar im Krankenhaus statt, im Extremfall trägt dann jemand ein weißes Krankenhaushemd.

Leben in Beziehungen

Ebenso häufig begegne ich den Ehefrauen und Kindern von Männern in verantwortlichen Positionen. Dies ist meist ebenso beredt wie dic Selbstauskünfte des Betreffenden. Die Eindrücke, die sich dabei einstellen, verstärken die grundlegende Frage, die uns hier beschäftigt: Wie kann bei hohen beruflichen Belastungen ein Leben in Beziehungen gelingen, wenigstens in den Primärbeziehungen von Ehe und Familie? Entsprechende Alarmsignale können etwa lauten: „Mein Mann redet nicht", „Mein Vater hört mir nicht zu; er weiß kaum etwas von mir".

Ängste in unserem Leben

Viele meiner Begegnungen sind Begegnungen mit Menschen in Angst. Angst scheint ein ständiger Gast im Leben von Menschen mit hoher beruflicher Anforderung zu sein, die enormem Druck und vielfältigen Zwängen ausgesetzt sind. Das heißt natürlich nicht, dass solche Ängste immer bewusst wahrgenommen werden. Bestimmt werden sie eher überspielt oder verdrängt.

Spätestens auf der Intensivstation ist dieses Verdrängen freilich nicht mehr möglich. Dort traf ich einen Mann, der zwanzig Jahre als Leiter für Produkt- und Verfahrensentwicklung oft schon nachts um drei in die Firma gefahren war, um biologische Forschungsprojekte persönlich zu überwachen. Danach musste er oft bis in den Abend die übrigen Aufgaben eines Geschäftsführers bewältigen. Und dann auf plötzlich: Thrombose und Lungenembolie! „Fifty-fifty", lautete die Auskunft des Arztes bezüglich der Überlebens-Chance. Und so traf ich ihn an, mit kaltem Schweiß auf seiner Stirn: „War es das jetzt? Ich dachte, ich hätte noch viel mehr Zeit!"

Die Krise fordert heraus.

Ein anderer Spitzenmanager eines Großkonzerns ruft mich eines Tages an und fragt, ob ich noch heute Abend zu ihm kommen könne. Durch die Auslieferung eines fehlerhaften Produkts war ein Schaden in Millionenhöhe entstanden. Er trug die Verantwortung für den unentdeckten Fehler. Nun wurde von ihm erwartet, den Sachverhalt zu verfälschen, um das Firmenimage nicht zu gefährden. Und die Versicherungsgesellschaft erwartete dasselbe von ihm, um die Regressforderungen nicht übernehmen zu müssen. Sein Stuhl wackelte, es sei denn, er spielte das schmutzige Spiel mit.

Aber wollte er käuflich sein? Wie kann man in einer solchen Situation seinen ethischen Grundsätzen treu bleiben?

Ich schrieb ihm am Ende des Gesprächs drei Bibelworte auf kleine Zettel und steckte sie in drei Briefumschläge: eins für die Nacht, eins für den nächsten Morgen, eins für den Augenblick vor Verhandlungsbeginn. Auf dem letzten Zettel stand das Wort von Jesus: „Was hilft es dem Menschen, wenn er die ganze Welt gewinnt, aber Schaden nimmt an seiner Seele?"

Ermutigung zum Durchhalten

Am Abend rief er mich an: „Ich habe durchgehalten; es war eine dramatische Sitzung. Es wird Sanktionen geben, aber ich bin nicht ‚abgesägt' worden."

Loslassen und lernen

Eine andere Begegnung: Jemand in verantwortlicher Position steht unmittelbar vor der Ruhestandsgrenze. Auf einmal hat er die Gefühle von Angst, ja Panik nicht mehr unter Kontrolle. In wenigen Tagen wird er den Schlüssel zu seinem Büro abgeben. „Muss ich jetzt immer nur Tennis spielen oder im Fitness-Studio rumhängen? Oder mache ich es wie mein Kollege, der schon seine Beraterverträge abgeschlossen hat und im Ruhestand nur fortsetzt, was er bisher gemacht hat, weil er nur leben kann, wenn er unter Strom steht?" Wenige Monate später äußerte er den Satz: „Die in meinem Unternehmen haben mich offenbar schon vergessen. Kein Anruf! Niemand, der noch meinen Rat braucht. Und für wie unentbehrlich habe ich mich oft gehalten!"

Ein weiteres Schlaglicht. Ein Unternehmen wird von einer anderen Firma aufgekauft und soll binnen drei Jahren an die Börse gehen. Ein leitender Angestellter dieses Unternehmens erzählt mir: „Bei uns herrscht jetzt nur noch Krieg; die Bude brennt!" Kurz darauf wird ihm mitgeteilt – ohne Angabe von Gründen –, dass er noch drei Monate bleiben darf ...

Wenn die Bude brennt, können Tränen helfen.

Und dann sitzt er in meinem Studierzimmer und kann seine Tränen nicht mehr zurückhalten. „Horror vacui", so nennt man die Angst vor dem Vakuum, das sich in einer solchen Situation vor einem Menschen auftut. Gut, dass er wenigstens weinen konnte. Tränen klären manchmal die Sicht.

Besonders bedrückend empfinde ich Begegnungen mit Menschen, die die beruflichen Prinzipien und Zwänge so verinnerlichen, dass sie dadurch praktisch selbst ihren Charakter deformieren. Ein erfolgreicher Bauunternehmer kannte nach Feierabend nur noch Schnaps und Skat. Bei Wanderarbeitern, die monatelang in Containern auf Großbaustellen überleben müssen, kann man das noch nachvollziehen, aber hier ...? Nicht alle Auswirkungen des Berufs auf die Persönlichkeit eines Menschen oder seinen Lebensstil darf man den beruflichen Umständen zur Last legen. Es gibt auch so etwas wie kultivierte Primitivität bei gleichzeitiger beruflicher Karriere.

Und manchmal kann auch ein unvorhergesehenes Schicksal in eine glänzende, sogar mit Lust und Leidenschaft verfolgte Karriere einbrechen, wodurch alles, was bisher im Leben zählte, völlig nebensächlich erscheint. Das war der Fall, als bei einem befreundeten Geschäftsmann sonntagmorgens um fünf die Polizei vor der Türe stand und ihm und seiner Frau mitteilen musste, dass ihr 22-jähriger Sohn, Medizinstudent, tödlich verunglückt sei. Es kann sich in einer Schicksalsminute alles im Leben ändern, woran man geglaubt und worauf man gebaut hat.

Mit diesen zufällig ausgewählten Eindrücken aus meinem Leben als Seelsorger wird bereits eine Problemskizze erkennbar.

In einer Minute kann sich alles ändern.

Wundert es uns, wenn zu lesen ist, dass die Lebenssituation von Managern alarmierend ist?

Jeder vierte Manager in Deutschland ist gesundheitlich gefährdet. Die Scheidungsrate liegt um 50 Prozent höher als die der Gesamtbevölkerung. Außerdem haben Untersuchungen gezeigt, dass bei Managern in hohem Maße eine Vernachlässigung aller übrigen, nicht-wirtschaftlichen, nicht-materiellen Werte stattfindet. Zwischenmenschliche Beziehungen und die Familie werden durch den Beruf und seine Belastungen in den Hintergrund gedrängt und geraten aus dem Blickfeld.

Die Lebenssituation von Managern ist alarmierend.

Demnach kommt es für diese Personengruppe darauf an, das eigene Menschsein, das ureigene Selbst nicht zu verlieren. Die Frage lautet: Wie werde ich bzw. wie bleibe ich ein lebendiger, wirklicher Mensch? Wie bewältige ich den Dualismus zwischen Berufsanforderung und zwischenmenschlicher Beziehung?

Wie bleibe ich Mensch?

Vor dem Hintergrund dieser Frage möchte ich versuchen, eine Weg-Skizze zu den Quellen der Sinnfindung zu entwerfen. Denn im Wirtschaftsleben stehen heißt: Verantwortung übernehmen in einem bisweilen mörderischen System und dennoch die Sehnsucht bewahren, im tiefsten – auch ethischen – Sinn *Mensch* zu bleiben.

Was ist das Problem?

Der Zusammenbruch fast aller sozialistischen Systeme wurde in den kapitalistisch geprägten Ländern vielfach mit einer unterschwelligen Häme und Selbstgerechtigkeit zur Kenntnis genommen. Seitdem gilt als erwiesen, dass es keine funktionierende Alternative zur kapitalistischen Marktwirtschaft gibt, die wir nur solange nach sozialen und humanen Gesichtspunkten zu zähmen vermochten, wie dies noch auf dem Fundament ausreichender Wachstumsraten finanzierbar war.

Kapitalismus ohne ethische Bremse

Die sich aufdrängende Frage ist, ob das historische Abdanken jedes anderen Wirtschaftssystems automatisch bedeutet, dass die einzig übrig gebliebene Alternative schon deren Rechtfertigung bedeutet. Und ob der Kapitalismus das Leben und die Zukunft des Lebens auf der Erde sowie eine humane Lebensgestaltung wirklich zu ermöglichen vermag. Kapitalismus ohne eingebaute „ethische Bremse“ heißt wirtschaften auf Teufel komm raus. – Machen wir uns dann aber darauf gefasst: Er *kommt* raus!

Wenn Sie Ihrem betrieblichen Handeln Sinn verleihen wollen und den gesunden Ehrgeiz behalten, sich in Ihrer Persönlichkeit nicht deformieren zu lassen, dann erlauben Sie sich *Ehrlichkeit im Blick auf das Gesamtsystem,* auch wenn Sie es nicht ändern können!

Unser System ist mörderisch!

Sie und wir alle müssen einstweilen in diesem System leben und in ihm zurechtkommen. Um aber darin nicht vollkommen unterzugehen, ohne korrupt zu werden oder als Mensch zu degenerieren, sondern verantwortlich und kreativ zu handeln, wäre es angebracht, das System nicht auch noch als gerecht zu verteidigen, sondern nüchtern festzustellen: Es ist mörderisch und frisst seine Kinder.

Was wir in unserer heutigen Situation erleben – und dies gilt erst recht, wenn man sich die Situation *global* vor Augen hält –, lässt nicht nur den Rückfall in überwunden geglaubte frühkapitalistische Strukturen befürchten, sondern erinnert an kannibalische Gesellschaften, „wo es nur zwei Grundidentitäten gibt, die des Fressers und die des Bratens." (D. Schnack und Th. Gesterkamp, Hauptsache Arbeit – Männer zwischen Beruf und Familie; Rowohlt, S. 157) Ich möchte noch ergänzen, dass heute der Fresser sehr schnell selbst zum Braten werden kann, und zwar auf allen Etagen.

Frei werden zu echtem Realismus

Ich halte es für wichtig zu erkennen, dass wir erst dann, wenn wir mit der Rechtfertigung des Faktischen aufhören, frei werden zu echtem Realismus, zu wirklicher Kreativität und vor allem zum Betreten ungebahnter Wege; frei für die intelligenteren Lösungen, für nachhaltig wirkende und weitsichtige Entscheidungen. Denn wenn jemand mit Haut und Haaren im System steckt, wenn er dafür sogar selbst fortgesetzt mit enormem Kräfteverzehr zahlen muss, aber dann dieses System auch noch meint rechtfertigen zu müssen, dann wird ihn das System am Ende auch *geistig* bestimmen.

Und selbst wenn ich von diesem System auf verschiedene Weise profitiere und es mir sogar eine gewisse Erfüllung vermitteln sollte, so wäre es doch unangemessen und blind, es schöner zu reden, als es ist. Denn selbst in verantwortlichster leitender Position kann sich jemand „als Sklave eines anonymen Marktgeschehens empfinden, das sein früher oder später fälliges Ausscheiden aus dem Kampfgetümmel der Interessen kaum registrieren wird. Der ‚Apparat' läuft in jedem Fall weiter. Doch zugleich fasziniert ihn dieser Apparat: Er hält ihn fest, bis er ausgestoßen wird. Sein Verhältnis zu ihm ist eine Art Hassliebe." (Friedrich Hannsmann, Humanisierung des Managements – ein christlicher Standpunkt, Resch-Verlag, S. 13)

Es gibt jedoch eine letzte innere Freiheit! Es gibt sie auch in verantwortlicher und leitender Position. Sie hilft mir, mich an einem gewissen Punkt zu verweigern oder gar auszusteigen. Diese letzte innere Freiheit in Anspruch zu nehmen, ist für meine persönliche Integrität und meine Selbstachtung – beides sind unverzichtbare Elemente von Lebenssinn – entscheidend.

Es gibt eine innere Freiheit.

Wir haben uns auf Grund unseres Systems jedenfalls unausweichlich dem Problem zu stellen, dass für viele Verantwortungsträger in der Wirtschaft ihre berufliche, soziale und persönliche Existenz in unverbundene, fragmentierte Parallelexistenzen auseinander fällt. Sie leiden unter einer fortschreitenden Zerklüftung ihres persönlichen Lebens. Sie leben ein Leben, das den Eindruck eines zerstückelten Hauses erweckt: Irgendwo liegt ein Fundament, irgendwo befinden sich die Wände, irgendwo auf der Wiese ein Dach. Aber dieses Lebenshaus hat aufgehört, bewohnbar zu sein. Als Chef oder Abteilungsleiter lebt dann jemand vielleicht das Leben eines Daches; aber wenn es auf der Erde liegt, begräbt es alles unter sich. Oder er fühlt sich als Stützmauer; aber in seiner Nähe zieht es ständig; niemand fühlt sich geborgen und sicher. Oder er versteht sich als Fundament, aber niemand baut darauf.

An der Verantwortung leiden

Daraus sind Konsequenzen zu ziehen.
Auf die Dauer gibt es nämlich für Verantwortliche in der Wirtschaft wirkliche *Sinnerfüllung* in ihrer tiefsten Form, d.h. eine *Humanisierung des Managements,* „nicht durch Effizienzsteigerung, sondern nur durch eine Änderung im Wertesystem und in der Gewichtung von Werten" (F. Hannsmann, S. 7).

Werte gewichten

Zugespitzt möchte ich formulieren: Sinnerfüllung stellt sich nur dort ein, wo man drei „Gelübde" abgelegt hat:

- Ich werde meine Karriere nicht als Kampf gegen das Leben verfolgen.
- Ich werde mein Selbst nicht preisgeben und nicht käuflich sein.
- Ich definiere den Wert des Unternehmens nicht nur wirtschaftlich, sondern auch von der Sinnerfüllung meiner selbst sowie der MitarbeiterInnen her.

Die aus diesen „Gelübden" erwachsene Freiheit macht Sie in geistiger und moralischer Hinsicht zu einem König statt zu einem Sklaven.

Denn sinnvoll ist, was *Sinn stiftet!* Damit ist z.B. eine Balance gemeint zwischen den verschiedenen Bereichen des Lebens; oder auch ein neues Verhältnis zwischen den Geschlechterrollen. Für das alles braucht es freilich wohlwollende (politische) Rahmenbedingungen. Was davon kann, wenn es im Großsystem nur schleppend oder gar nicht verwirklicht wird, im Kleinsystem der Firma wenigstens zeichenhaft verwirklicht werden?

Die Rollen der Geschlechter neu definieren

Perspektiven zur Sinnfindung

Wie wird Sinn erfahren?

Liebe – die entscheidende Dimension

Lebenssinn kann auf vielfache Weise empfunden und erfahren werden. Ich möchte jedoch an dieser Stelle keine allgemeinen philosophischen Überlegungen zum Sinn des Lebens anstellen, sondern nur auf eine, jedoch entscheidende Sinn-Dimension hinweisen.

Zum Sinn des Lebens gehören geglückte Beziehungen und die Wertschätzung und Liebe anderer Menschen. Der Mensch ist zutiefst auf Beziehungen, auf ein *Du* hin angelegt. Wir sind Beziehungswesen. Nach Aussage der Bibel hat diese Wesensbestimmung des Menschen ihren tiefsten Grund darin, dass wir das Ebenbild Gottes in uns tragen, der selbst ein „Gott in Beziehung" sein will: Er will in Beziehung stehen zu seiner Schöpfung und jedem einzelnen Geschöpf. Er hat uns etwas von seinem Wesen mitgegeben.

Hunger nach Verbundenheit

Immer, wenn im Leben Beziehungen gelingen, hat sich etwas vom Sinn des Lebens erfüllt. Ein Mensch, der in geglückten Beziehungen lebt, ob familiär oder beruflich, ob im Kollegenkreis oder im Privatleben, stellt nicht mehr die Frage: „Was soll das alles?" Niemand, der geliebt ist, sagt:

„Das Leben hat keinen Sinn." Diese Sehnsucht nach tragenden, gelingenden und bergenden Beziehungen ist unser Lebenshunger Nummer eins. Es ist der Hunger nach *Verbundenheit.*

Das Leben lässt sich aber nicht so aufteilen, dass man sagt: Für meine Beziehungen ist mein Privatleben und meine Freizeit da; im Beruf hat das keinen Platz. Wenn es im Betrieb und im Zusammenleben mit den Kunden nur knirscht, wenn dort nur Eiszeit herrscht, dann empfinden Sie Ihr Leben trotz privater Freundschaften nicht als „ganz" und darum auch nicht als zutiefst sinnvoll.

Was uns bis ins Mark fertig macht, das sind die aus hohem Anpassungsdruck entstehenden Zwänge, die uns nötigen, auf Beziehungen, in denen wir *eigentlich* gerne leben wollen, zu verzichten oder sie wenigstens hintenan stellen zu müssen.

Tragende Beziehungen

In tragenden Beziehungen entfaltet sich der Lebenssinn. Denn nicht meine Leistung, sondern die Erfahrung, geliebt zu sein, verleiht mir mein Daseinsrecht und reicht über den Tod hinaus. Also lautet die Frage: Wie entsteht ein beziehungsreiches Leben gegen die Tendenz zur Beziehungserosion und was verleiht „existenzielle Geborgenheit"?

Das Spannende ist nun, dass der „beziehungsreiche" Mensch, der in geglückter Verbundenheit lebt, damit zugleich auch schöpferisch wird und gerne arbeitet. Denn Sinnzweifel lähmt uns auf der ganzen Linie.

Wertschätzung beglückt

Wer morgens ein Büro betritt, wo ihn ein gutes Klima erwartet, der geht schöpferisch an die Arbeit und erlebt diese selbst dann als sinnvoll, wenn auch manches dabei weniger beglückend oder erfüllend ist. Und wer von anderen Wertschätzung erfährt und als Person wahrgenommen wird, wird kaum sagen, er finde sein ganzes berufliches Dasein nur schrecklich.

Darum muss Sinn immer auch im Horizont von zwischenmenschlichen Beziehungen und Erfahrungen der Wertschätzung verstanden werden. Daraus ergeben sich weitreichende Definitionen für die persönliche Lebensgestaltung und dann auch für die Unternehmensführung. Sonst wird sich an der Misere wenig ändern, dass in der Mitte des Managerlebens häufig ein „soziales und personales Loch“ existiert. Man muss sogar hinzufügen: Manche Führungskräfte in der Wirtschaft müssen als „beziehungsbehindert“ eingestuft werden und stehen in der Gefahr, zu Autisten zu werden! Irgendwann können sie nicht mehr sagen, wer sie sind und was sie fühlen. Sie sind sich selbst abhanden gekommen. Dies ist der Preis für verloren gegangene Beziehungskultur.

Sind wir „beziehungsbehindert“?

Dieser Ich-Verlust und Beziehungs-Verlust (beides hängt zusammen!) beruht auf *Angst*, nämlich auf der Angst vor den Sanktionen des (Wirtschafts- oder Firmen-) Systems, wenn ich mich ihm nicht stromlinienförmig anpasse und völlig ergebe. Diese Angst hängt aber häufig auch mit der „Lust auf Macht“ ursächlich zusammen. Wer Lust auf Macht hat, hat auch mächtig Angst.

Die Bedeutung von Beziehungsreichtum als entscheidender Sinn-Dimension kann man sehr gut durchspielen am Beispiel von wirtschaftlichem Erfolg und Familienqualität. Es gibt wissenschaftliche Untersuchungen, die belegen, dass „eine durch hohe wirtschaftliche Leistung geschädigte Familienqualität … sich … auf die Leistungsmotivation aus(wirkt), was mit einer gewissen zeitlichen Verzögerung zu einer Beeinträchtigung der wirtschaftlichen Leistung führt." (Hannsmann, S. 35, unter Berufung auf Millendorfer und McClelland)

Leistungsdruck und Familienqualität

Darüber hinaus gibt es inzwischen Untersuchungen zum Thema Arbeit und Sinn, die die *Fluchtwege* offen legen, die bei mangelnder Sinnerfüllung häufig betreten werden. Dazu gehören: Medikamentenmissbrauch, sexuelle Abenteuer, esoterisches Aussteigertum.

Ich nenne noch zwei weitere Beispiele für derartige Fluchtwege:

Wer tiefes Lebensglück verloren hat, will wenigstens auf den Spaß nicht verzichten.
Eine der am weitesten verbreiteten Kompensationen von Stress und mangelnder Sinnerfüllung ist die *Jagd nach Spaß*. „Überall, wo Freude nicht gelingt, gehört die Bühne ihrem frivolen Bruder, dem Spaß." (G. Höhler, Die Sinnmacher – Wer siegen will, muss führen) Das heißt übersetzt: *Eigentlich* möchte ich meine Schritte in Richtung auf inneres Glück lenken, aber ich lenke mich, und zwar vor allem in meiner Freizeit, *nur ab*! Unsere Event- und Spaß-

gesellschaft ist ein gigantisches Kompensations-Unternehmen für mangelndes Glück. Wer tiefes Lebensglück verloren hat, will wenigstens auf den Spaß nicht verzichten, z. B. auf extravagante Freizeiterlebnisse, die dazu dienen, Frust aufzuwiegen. Sie sollten Ihr „eigentliches" Leben auch nicht auf den Urlaub verschieben. „Leben" ist unteilbar! Wenn es nur an drei Wochen im Jahr stattfindet, findet es gar nicht statt.

„Spaß" – das Lebensglück?

Wo Beziehungen nicht gelingen, wird Geld immer wichtiger.

Der katholische Kirchensoziologe Paul Michael Zulehner sagt: „Der beziehungsarme Mensch ist der berechenbarste Konsument." Wenn Männer und Frauen in Spitzenpositionen von Wirtschaft und Politik ihre Karriere mit immer größerer Vereinsamung bezahlen, dann gilt dieser Satz höchstwahrscheinlich für sie besonders. In dieselbe Kerbe trifft der Satz des Multimillionärs Rockefeller: „Wer nichts hat außer Geld, ist der ärmste Mensch auf der Welt."

Viel Geld – und trotzdem arm

Man kann sich im Leben gerade das Wichtige aber nicht mit Geld beschaffen oder zurückholen:

Seine Gesundheit nicht.
Den Frieden im Gewissen nicht.
Eine intakte Ehe nicht.
Vergebung der Sünden nicht.
Den tödlich verunglückten allerbesten Freund nicht.
Gewissheit des ewigen Lebens nicht.

Ein Ende der heimlichen Zerrissenheiten nicht.
Und einen Ausweg aus der klammheimlichen Angst nicht.
Wiederherstellung der verlorenen Ehre nicht – trotz aller Presseerklärungen und Ehrenworte.
Seine Jugend nicht
und seine Unschuld nicht!

Zum Abschluss dieser Überlegung eine kleine praktische Empfehlung:

Wenn Lebenssinn mit geglückten, tragenden Beziehungen zu tun hat, dann kann man schon mit wenig Aufwand eine neue, vielleicht weitreichende Erfahrung machen. Auch oder gerade wenn Sie beruflich sehr stark eingebunden sind und eigentlich keine Zeit haben: Freunden Sie sich mit einem Kind in der Nachbarschaft an und unterhalten Sie sich mit ihm so oft es geht! *Und*: Besuchen Sie in regelmäßigen Abständen einen alten oder kranken Menschen. Vielleicht ist es ein im Ruhestand lebender ehemaliger Arbeitskollege, der auf diese Weise spürt, dass er doch noch nicht vergessen ist. Es wird erstaunliche Auswirkungen darauf haben, wie Sie manches im Leben, auch im Berufsleben, wahrnehmen und bewerten!

Das Kind als Freund kann uns verändern

Müssen wir Sieger sein?

Im Wirtschaftsleben stehen heißt, unter dem Diktat des Erfolgs stehen.

In dieser Hinsicht leben wir das Leben wie in einer Diktatur. Diktaturen arbeiten alle mit kollektiven und individuellen Gehirnwäschen. Dies geschieht bei uns fortlaufend, plump oder subtil. Unsere Diktatur heißt: Verdammt sein zum Erfolg. Du musst siegen!

Die Diktatur des Erfolgs

Das Wort „Siegen" gibt es in der Welt des Sportes und in der Welt des Krieges. Empfinden Sie Ihr Siegenmüssen als motivierend wie ein Leistungssportler oder haben Sie dabei manchmal eher jene andere Assoziation, die des Krieges?

Wenn Sie Ihr berufliches Dasein als Gewinnung von Lebenssinn erfahren wollen, dann müssen Sie lernen, ein innerlich freier Mensch zu sein. Das lernen Sie aber nur, wenn Siegen nicht die einzige Option ist. Falls es die einzige Option ist, ist unausweichlich von der *Gefangenschaft der Sieger* zu sprechen und dann ist der Sinn zerstört.

Die Frage lautet: Wären Sie bereit, um Ihrer ethischen Ziele und der Wahrung Ihrer persönlichen Integrität willen auch Scheitern in Kauf zu nehmen? Wenn Sie dazu nicht bereit sind, ist Ihnen in Ihren Lebensfrustrationen am Ende nicht zu helfen. Wenn für jemanden Siegen und Erfolg alles ist, dann kann man ihm die Zukunft seiner inneren geistigen und psychischen Entwicklung bereits voraussagen.

Wenn der Erfolg alles ist

In unnachahmlicher Weise hat der evangelische Theologe Dietrich Bonhoeffer in seinem Ethik-Buch zu diesem

Thema Stellung bezogen. (Bonhoeffer wurde 1945 im KZ Flossenbürg von den Nazis hingerichtet, weil er sich als Theologe und Pfarrer an dem Attentat gegen Hitler vom 20. Juli 1944 beteiligt hatte.)
In seiner Ethik findet sich ein Abschnitt, der die Überschrift trägt: „Der Erfolgreiche". Dort heißt es:

> *Wir leben in „einer Welt, in der der Erfolg das Maß und die Rechtfertigung aller Dinge ist … Nicht Ideen oder Gesinnungen, sondern Taten entscheiden. Der Erfolg allein rechtfertigt geschehenes Unrecht. Die Schuld vernarbt im Erfolg. Es ist sinnlos, dem Erfolgreichen seine Untugenden vorzuwerfen … Wo die Gestalt eines Erfolgreichen besonders sichtbar in Erscheinung tritt, dort verfällt die Mehrzahl der Vergötzung des Erfolgs. Sie wird blind für Recht und Unrecht, Wahrheit und Lüge, Anstand und Niedertracht. Sie sieht nur noch die Tat, den Erfolg. Das ethische und intellektuelle Urteilsvermögen stumpft ab vor dem Glanz des Erfolgreichen und vor dem Verlangen, an diesem Erfolg irgendeinen Teil zu bekommen. Es fehlt sogar die Erkenntnis, dass die Schuld im Erfolg vernarbt, eben weil die Schuld gar nicht mehr erkannt wird. Der Erfolg ist das Gute schlechthin."* (Zitiert nach der Ausgabe im Chr. Kaiser Verlag, München 1981, S. 80 f.)

Kritischer als in diesen Sätzen Dietrich Bonhoeffers lässt sich die Versuchung durch ein ungebrochenes Erfolgsdenken kaum noch ans Licht heben!

Vorsicht: Erfolgt macht blind!

So können Sie Misserfolg kultivieren.

Ich möchte an dieser Stelle einen lebenspraktischen Hinweis anfügen. Er hat damit zu tun, wie man den *Umgang mit Misserfolg* für sich persönlich und seine Mitarbeiter kultivieren kann. Wie kann es im praktischen Leben aussehen, wenn ich mich davon verabschiede, dass das Siegen-Müssen meine einzige Option ist?

Meine Empfehlung: Üben Sie einen alternativen, verfremdenden und schöpferischen Umgang mit Niederlagen ein – feiern Sie „Niederlagen-Feste"!

Ich bin gescheitert – jetzt feiern wir ein Fest!

Ich selbst habe als Gemeindepfarrer vor einigen Jahren einen schwer wiegenden Fehler bei einem innovativen Projekt begangen. Von diesem Projekt hing sehr viel für mich selbst ab, aber auch für die weitere Gemeindeentwicklung. Der Hauptfehler lag in meiner Fehleinschätzung der Ausgangslage im Blick auf die Akzeptanz meines Vorschlags. Außerdem hatte ich Fehler begangen in der Art und Weise, die Strategie kommunikativ zu vermitteln. Dies führte ein halbes Jahr lang zu erheblichen Verwerfungen im Vertrauensmilieu zwischen Gemeindeleitung und mir. Dabei hatte ich das Anliegen doch mit „Herzblut" verfolgt, und nun stand ich vor einem Scherbenhaufen! Am Ende habe ich meine engsten Freunde eingeladen, mich fünf Stunden zu Hause an den Herd gestellt, einen guten Wein aus dem Keller geholt, und dann, als alle am festlich gedeckten Tisch saßen, eine kleine Rede gehalten, deren Tenor war: „Ich bin grandios gescheitert. Jetzt feiern wir ein kleines Fest."

Sie mögen das in Ihren Kontext übersetzen: Vielleicht haben Sie einen Auftrag nicht bekommen, wofür die halbe Abteilung gearbeitet hat. Zwei Wochen vergebliche Arbeit ohne einen Cent Ertrag. Was aber macht man, wenn sich daraufhin eine schleichende Depression über die Abteilung legt? Bestellen Sie Schnittchen, bringen Sie Wein mit, und kurz vor Feierabend sagen Sie zu Ihren MitarbeiterInnen: „Wir haben zwar einen Misserfolg gehabt; aber lasst uns trotzdem ein kleines Fest feiern." Das wäre menschlich wohltuend und psychologisch aufbauend. Die MitarbeiterInnen treten am nächsten Morgen wieder anders an den Start. Und Sie vermitteln – ohne viele Worte – Ihr persönliches Berufsethos: Ihre innere Freiheit gegenüber Erfolg und Misserfolg wird erkennbar. So etwas schafft eine neue Verbundenheit und eine neue Ausgangslage. Denn wenn frustrierte Leute sich verbünden, verwandeln sie Frustrationserfahrungen in schöpferische Energie.

Solche oder ähnliche Symbole demonstrieren Ihren KollegInnen und MitarbeiterInnen, dass Sie nicht siegessüchtig sind. Sie dürfen dennoch Freude am Erfolg haben! Aber das ist etwas anderes als das Fixiertsein auf den Erfolg.

Freude am Erfolg

Hingabe und Nicht-Identifikation

Wenn Sie in Ihrem Beruf gut sein wollen, dann müssen Sie ihn mit Hingabe praktizieren. *Hingabe ist eine ethische Dimension* und hat mit Verantwortung, Idealismus, Begeis-

Hingabe – die Basis für Erfolg

terung, Gewissenhaftigkeit und Einsatzbereitschaft zu tun.

Das Gegenstück dazu wäre auf der einen Seite die *innere Kündigung* oder aber der *Schlendrian*, auf der anderen Seite das *Suchtverhalten*: Arbeit als Suchtbefriedigung.

Bei diesem Punkt geht es um die Frage der *psychischen Bindung an den Beruf*, was sicherlich vor allem eine männerspezifische Gefahr ist.

Um dieser Falle zu entgehen, ist ein alles entscheidender Grundsatz zu befolgen:

> *Wirklich hingebungsvolles und fruchtbares Arbeiten gelingt am ehesten bei entschlossenem Verzicht auf eine Totalidentifikation mit der beruflichen Tätigkeit.*

Achtung Falle: die Totalidentifikation

Totalidentifikation bedeutet immer einen Verlust an Distanz und Trennschärfe; und dies kann persönlich und für die weitere Firmenentwicklung schwer wiegende Folgen haben. Von einer solchen Totalidentifikation ist, wie oben erwähnt, positiv zu unterscheiden die Haltung der *Hingabe* im Sinne engagierter Sorgfalt. Solche hingebungsvolle Sorgfalt gehört zu einem positiven Berufsethos. Sie ist für jedes Unternehmen unerlässlich.

Hingabe und Sorgfalt als berufsethische Grundeinstellungen bringen wunderbare Ergebnisse hervor! Bei einer Bergwanderung in den Alpen entdeckte ich an einer gänzlich abgelegenen Stelle im Wald einen Schuppen, den man dort vor kurzem errichtet hatte, um Maschinen unterzustellen. Es war wirklich nur ein Schuppen – und doch zugleich die beste Empfehlung für das Zimmermannshandwerk! Sorgfalt und Hingabe ist eine ethische Dimension, die die Zweckbezogenheit unseres Tuns sogar um eine ästhetische Komponente erweitert.

Übersteigerte Leistungsziele vermeiden

Etwas ganz anderes als Hingabe in diesem Sinne ist eine ungesunde Identifikation. Denn Totalidentifikation führt zu geistiger Degeneration, zu Betriebsblindheit, zu übersteigerten Leistungszielen oder zu Angstneurosen im Fall des Scheiterns.

Um davor bewahrt zu bleiben, braucht es für die Seele ein Zuhause, braucht es eine persönliche Lebensverankerung an einem ganz anderen Lebensufer, aber nicht nur außerhalb des Arbeitsfeldes in der Firma, im Privatleben – sondern jetzt spreche ich von einer tieferen Dimension, von einem „Außerhalb“ im religiösen, spirituellen Sinn!

Für die Seele ein Zuhause

Wer seine Seele, sein tiefstes innerstes Ich, seinen innersten Kern ausschließlich an seine Berufslaufbahn und berufliche Position bindet, der verkauft seine Seele. Jesus sagt: „Was hilft es dem Menschen, wenn er die ganze Welt gewinnt, aber Schaden nimmt an seiner Seele?“ (Markusevangelium, Kapitel 8, Vers 36)

Die Diesseitsfalle

Die Seele braucht ein Zuhause in einer anderen Dimension. Das kann aber nur eine transzendente Dimension sein. In einer alten Glaubensschrift aus der Reformationszeit, dem *Heidelberger Katechismus*, lautet die erste der 129 Fragen: „*Was ist dein einziger Trost im Leben und im Sterben?*"

Eine solche Frage könnte es sein, die eine „transzendentale Distanz gegenüber den diesseitigen Dingen" (Millendorfer) freisetzt. Entsprechend beklagt Gertrud Höhler, dass in den Wirtschaftsrängen eine „metaphysische Bescheidenheit" herrscht, die man mit P. M. Zulehner auch als „Diesseitsfalle" beschreiben könnte. Es ist die Reduktion der Welt auf Dinge und Produkte, auf Zahlen und Zuwächse, auf die Marktgesetze und den erstrebten Machtgewinn. Metaphysische Bescheidenheit als Diesseitsfalle macht das Leben zum biografischen Powerplay bis zum Kollaps und zu einer hirnlosen Verhaftung in der Horizontalen.

Die Diesseitsfalle

Ohne Gott keine Tiefe des Daseins

Ohne Gott droht Oberflächlichkeit, denn Gott ist die Tiefe des Daseins.

Der Zeitgeist in unseren Industrienationen setzt voraus, Bäume könnten wachsen und Frucht bringen auch ohne Wurzeln. Aber es sind gerade die spirituellen Wurzelschäden, an denen unser System krankt, und wir selbst kranken ebenfalls daran.

Manche bemerken es schließlich; aber dann finden sie die Türe zu der einzigartigen Quelle der jüdisch-christlichen Tradition und des lebendigen Glaubens an Jesus Christus nicht mehr, ihnen ist gewissermaßen die Adresse abhanden gekommen. Und viele nehmen dann die nächste Türe: zur Esoterik. Das ist zwar heute schick; aber der Unterschied zwischen Esoterikern und Menschen, die wissen, dass sie von Gott geliebt sind durch Jesus Christus, ist der: Esoteriker haben „etwas“, woran sie glauben; Christen haben „Einen“, an den sie glauben und von dem sie sich geliebt wissen. Der Himmel der Esoteriker ist zwar bunt und geheimnisvoll; aber dieser Himmel ist leer. Er ist unbewohnt. Es ist ein Himmel ohne Gott.

Esoterik als Ausweg

Wer religiöse Orientierung, wer den offenen Himmel über uns, von dem die Bibel spricht, ablehnt und verweigert, der gerät unter die Diktatur von Götzen. Und Götzen sind fordernd und gefräßig. Zuerst soll man ihnen nur ein kleines, bescheidenes Huldigungsopfer darbringen, aber morgen früh haben sie schon die Forderung verdoppelt.

Die Diktatur der Götzen

Metaphysische Bescheidenheit untergräbt aber auch die Förderung ethischer Werte in der Wirtschaft.

Inzwischen melden sich wieder Soziologen und Wirtschaftsforscher zu Wort, die daran erinnern, dass wir in der westlichen Welt immer noch von einem Rest an Werteorientierung zehren, der einzig aus der christlichen Tradition hergeleitet werden und nur zum allseitigen Schaden endgültig ad acta gelegt werden kann. Das

An welchen Werten orientieren?

weltanschauliche Vakuum im Bereich der ehemaligen UdSSR kann dafür beredtes Beispiel sein: Wenn es keine tief verankerte Werteorientierung gibt, fehlt die Grundlage für eine gesunde und sozial verantwortliche wirtschaftliche Entwicklung.

Wir sind auf Gott angewiesen.

Man sollte wirklich nicht mehr öffentlich behaupten, dass Religion verzichtbar wäre, jedenfalls nicht Religion im Sinne des jüdisch-christlichen Erbes mit seinem Menschenbild, das jede Selbstübersteigerung des Menschen anprangert und uns Menschen auf Gott und aufeinander angewiesen sein lässt. Man kann sich die Frage an einem alltäglichen Beispiel verdeutlichen: Sagen Sie einem russlanddeutschen Jugendlichen, dessen Eltern atheistisch erzogen wurden und mit der letzten Einwanderungswelle in unsere Wohlstandsgesellschaft gekommen sind, warum man nicht stehlen soll! Dieselbe Frage ließe sich bei der hausgemachten Wohlstandskriminalität in unserer Gesellschaft natürlich ebenso stellen! Aber begründen Sie das einmal und warten Sie auf die Reaktion! – Ich glaube, wir sind an einem Punkt angekommen, wo eine *Ethik ohne Gott* fast nur noch vermittelbar ist für die, die sich den Luxus der Ethik bewusst leisten wollen und sich vom allgemeinen Hedonismus unserer Gesellschaft abzugrenzen bereit und in der Lage sind.

Ist seit der Aufklärung die Ethik auf die Einsicht der Vernunft gegründet worden, so hat man sie in der Postmoderne, in der wir leben, weitestgehend privatisiert. Ethik leistet man sich privat, falls man mag. Der ethische

Diskurs verschwindet in dem Maße, wie es um shareholder's values geht.

Individualisierung der Ethik minimalisiert aber ethische Grundsätze nicht nur zu probaten Puzzlesteinen des selbstentworfenen Lifestyles, sie hört darüber hinaus überhaupt auf, gesellschaftlich verpflichtend und verbindend zu sein. „Um zu gültigen Maßstäben zu gelangen, kommen wir aber nicht mit einem vom Menschen selbst konstruierten Wertesystem aus." (Hansmann) Das beweisen aktuelle große Korruptionsskandale in Politik und Wirtschaft zur Genüge.

Individualisierte Ethik – das Tor zum Schrecken

Der deutsche Nobelpreisträger und Physiker *Heisenberg* prognostizierte: „Wenn einmal die magnetische Kraft erloschen ist (er meint: die von der christlichen Offenbarung und den Geboten Gottes ausgegangen ist), die den Kompass gelenkt hat, so fürchte ich, dass sehr schreckliche Dinge passieren können, die über Konzentrationslager und Atombomben hinausgehen."

II.

Quellen eines erfüllten Lebens

Vom Geheimnis der schöpferischen Pause

Ich habe einmal in einer Bismarck-Biografie gelesen, dass Bismarck, als er Reichskanzler war, sich mitunter einfach wochen- oder monatelang auf sein Gut in Pommern zurückzog – und das Deutsche Reich brach nicht zusammen!

Das müsste man heute einem Spitzenmanager sagen: „Geh doch einfach mal weg; gestatte dir eine persönliche Auszeit!" Für die allermeisten wäre es ein unvorstellbarer, leichtfertiger Gedanke. Eine solche Vorstellung würde bei manch einem sofort die Angst vor dem Firmenzusammenbruch auslösen.

Persönliche Kultur entwickeln

Ich möchte sehr dafür plädieren, eine persönliche Kultur zu entwickeln für solche Auszeiten und für bewusstes Innehalten. Das hieße, dass ich mir vielleicht einen Nachmittag im Monat, drei Tage im Jahr dafür reserviere und dies auch „ritualisiere"; dass ich also eine solche Unterbrechung wie ein Tabu schütze.

Qualifiziertes Alleinsein erfahren

Gemeint ist natürlich nicht der Saunabesuch, um sich zu entspannen. Sondern es geht um die Erfahrung „qualifizierten Alleinseins". Ob man dabei durch den Wald läuft oder still auf einem Fleck sitzt, ob man dabei die Augen schließt oder seine Gedanken notiert – die Gestaltung wird individuell zu finden und auszuprobieren sein.

Was hat es damit auf sich?

Innehalten heißt: sich Nachdenklichkeit erlauben!
In der Stille sind Sie zunächst keinem Rechenschaft schuldig über Ihre Gedanken. Aber Sie leisten sich einmal einen Gedanken! Sie schauen sich selbst zu, schauen sich selbst über die Schulter, kommen sich vielleicht selbst auf die Schliche. Sie üben Ehrlichkeit sich selbst gegenüber (Sie müssen das Ergebnis ja einstweilen keinem verraten!). Sie stellen sich Ihren Ängsten und Zwängen und denken einfach „quer". Sie nehmen für eine kurze Zeit bewusst einen Platz am Rande des Tatortes ein – und spüren: Vom Rand aus sieht man klarer! Es können sich neue, überraschende Perspektiven ergeben.

Sich selbst auf die Schliche kommen

Was man durch solche Nachdenklichkeit auf dem Wege des Innehaltens gewinnt, ist zum Beispiel die Fähigkeit, populäre Vereinfachungen und Modemeinungen zu durchschauen – im Allgemeinen sowie in der speziellen Branche –, all die wohlfeilen Antworten, Rezepte und Konzepte, die Simplifizierungen und betriebsinternen Denk-Verordnungen.

Eine unerwartete weitere Frucht von Nachdenklichkeit könnte auch in der Erkenntnis liegen, dass es unlösbare Probleme gibt! Wäre das nur bedrückend und lähmend – oder nicht am Ende befreiender als alle trügerischen Verheißungen der ungezählten „Ich-habe-die-Wahrheit-Apostel“? Wären wir nicht in Politik und Wirtschaft weiter, wenn wir endlich wieder über die Fähigkeit der Unterscheidung verfügten zwischen dem, was veränderbar ist, und dem, was – wenigstens einstweilen bzw. auf längere Sicht – nur wenig zu beeinflussen ist? Damit ist nicht denjenigen das Wort geredet, die den Status quo aus ideologischen Gründen als unantastbar verteidigen. Es geht bei der besagten Unterscheidung vielmehr darum, allen falschen Parolen von Machbarkeit zu widerstehen, hinter denen sich in der Regel nur Machtinteressen verbergen. Es gibt unlösbare Probleme. Diese entscheidende, kritische Erkenntnis kann gerade unsere schöpferische Denkkraft auf die Bereiche konzentrieren, wo Veränderungen tatsächlich nötig und möglich sind, und kann unerwartete, intelligente Ideen freisetzen.

Leiste dir einen neuen Gedanken!

Wer von MitarbeiterInnen eine hohe Kreativität erwartet, der sollte ihnen von Zeit zu Zeit nahelegen: „Geh einmal raus. Leiste dir einen neuen Gedanken“, und zwar auf Firmenkosten. Und man wird dann noch nicht am nächsten Montagmorgen unbedingt ein Ergebnis abrufen wollen.

Stille als schöpferischer Neubeginn

Innehalten, um sich Nachdenklichkeit zu gestatten, wird aber noch vertieft und überboten vom dem, was ich nun als „Weg in die Stille“ beschreiben möchte.

Stille als qualifiziertes Alleinsein, als bewusst gesuchte Einsamkeit und innere Einkehr ist noch in einem tieferen Sinn die Geburtsstätte für das Neue. Wer die Stille sucht, sucht den Weg der Verwandlung, nicht nur der Veränderung. Veränderung kann man machen und in die Wege leiten, Verwandlung hingegen widerfährt einem. Wer die Stille in diesem spirituellen Sinne sucht, geht von Neubeginn zu Neubeginn.

Verwandlung durch Stille

Im letzten Buch der Bibel, der Offenbarung des Johannes, heißt es in einer prophetischen Vision, dass im Himmel beim Öffnen des siebten Siegels der Welterlösung „eine Stille entstand“ (Kapitel 8, Vers 1). Das Universum hält also gleichsam den Atem an! Und aus dieser Stille entsteht „der neue Himmel und die neue Erde“ (Kapitel 21)! Schon die jüdischen Gelehrten sagten, aus dem Schweigen heraus habe Gott die Welt erschaffen, aus dem Schweigen schaffe er auch die zukünftige Welt der Erlösung und Vollendung aller Dinge.

Gott vollendet die Dinge.

Stille ist die Voraussetzung für ungeahnte Kreativität. Und sie ist nicht für religiös oder meditativ veranlagte Menschen reserviert oder nur für sie zugänglich oder erforderlich. Sie bedarf freilich der Bereitschaft, sich selbst zu begegnen, dem Urgrund des Lebens, dem Schöpfer, dessen Wort mich erreichen will.

Sich selbst verlieren

Wenn die Stille diese Dimension erschließt, dann besteht endlich die Chance, bei sich selbst anzukommen und der drohenden Gefahr zu entkommen, dass man sich unter dem Außendruck immer mehr selbst verliert. Denn Sie wollen doch zutiefst kein Mensch sein, der sich selbst abhanden kommt – und Sie wollen doch auch Ihre MitarbeiterInnen davor bewahren! Denn wen hätten Sie dann noch vor sich?

Nun ist es aber so, dass gerade der Weg in die Stille – in diesem qualifizierten und spirituellen Sinn – ein Weg ist, der vielen Angst macht und ihnen tief bedrohlich erscheint.

„Ich halte Stille nicht aus."

Als ich einen Unternehmer, den ich gut kannte, zu unseren so genannten „Einkehrtagen" einlud, die ich jedes Jahr in einem Kloster oder Einkehrzentrum anbiete, sagte er mir: „Ich kann das nicht. Ich glaube, das halte ich nicht aus. Ich stehe seit Jahren so unter beruflichen Anspannungen, dass ich eine solche Unterbrechung innerlich nicht durchhalte."

Und ein anderer, der es doch einmal versuchte, bekam nach bereits einer Stunde Schweigen die Krise.

Der bewusste Weg in die Stille und ins Schweigen bedeutet offenbar, dass ich auf eine unvorhergesehene Weise mit mir selbst alleine bin, mir selbst begegne mitsamt den Dingen, die ich gekonnt verdränge. Das Verdrängte kann in der Tat hochschießen wie ein Springbrunnen. Darum muss der Weg ins Schweigen geübt werden und braucht unter Umständen am Anfang Begleitung und Stütze.

Schweigen braucht Begleitung.

Es gibt in der Bibel eine außergewöhnliche Geschichte aus dem Leben Jesu. Sie gehört an den Anfang seines öffentlichen Wirkens. Genauer geht es sogar um die Voraussetzung seines Wirkens. Jesus war ja gewissermaßen ein Vulkanausbruch an schöpferischer und heilender Kraft, und zwar aus seiner geheimnisvollen Gottesbeziehung heraus. Jedoch berichtet diese Geschichte, dass er vor Beginn seines Auftretens in der Öffentlichkeit vom Geist Gottes in die Wüste geführt und dort vom Satan versucht wurde. Er sei dort bei den wilden Tieren gewesen und die Engel Gottes hätten ihm gedient, so heißt es im Markusevangelium, Kapitel 1.

Dies ist eine faszinierende Geschichte, die sagt, warum der Weg in die Wüste die Voraussetzung schöpferischer Lebensentfaltung ist. Wer zu seiner von Gott gegebenen Lebensenergie und inneren Berufungsgewissheit gelangen will, muss zuerst in die „Wüste“. Das ist der Ort der äußeren Schutz- und Wehrlosigkeit; der Ort, wo man auf sich selbst reduziert ist, wo man zugleich der transzendenten Wirklichkeit ausgesetzt ist, nämlich Satans, aber auch der

Engel. Selbst Jesus musste zuerst in die Wüste, bevor er Wunder tun konnte.

Ab in die Wüste!

Vielleicht haben Sie in einer beruflichen Situation auch gedacht: Hier hilft nur noch ein Wunder! Dann kann die Konsequenz nur lauten: Ab in die Wüste!

Erlösung führt zu innerer Erneuerung.

Tiefenpsychologisch gesehen steht der Satan hier für alles, was negative Energie, Störung, Zweifel, Selbstzweifel, Berührung mit meinem „Schatten" (C. G. Jung) und meiner Sündhaftigkeit ist. Sich mit dieser inneren Wirklichkeit des Unbewussten konfrontiert zu sehen, kann wirklich bedeuten, „wilden Tieren" zu begegnen, die hier für das Verdrängte stehen. Wo man dieser inneren Wirklichkeit jedoch ansichtig geworden ist und sich ihr gestellt hat, werden Ängste und Lähmungen, unbewusste Verhaltensmuster und innere Festlegungen aufgebrochen. Erlösung findet statt, Ganz-Werdung, innere Erneuerung, Befreiung und Heilung. In der Jesusgeschichte wird das ausgedrückt mit den Worten: „… und die Engel dienten ihm." Jesus kam in Berührung mit völlig neuen Kräften, mit dem Heiligen und Heilenden.

Zu solchen lebensverändernden Prozessen gewinne ich Zugang, wenn ich den Weg in die Stille bewusst wage und immer wieder betrete.

In einem seiner Bücher zur spirituellen Lebensgestaltung zitiert der bekannte amerikanische Franziskanerpater Richard Rohr eine alte indische Weisheitslehre von den vier

Lebensphasen. Danach ist die erste Phase die des „Schülers“, die zweite die des „Hausbauers“, die dritte die des „Suchers oder Waldbewohners“ und die vierte schließlich die des „Weisen“.

Die vier Lebensphasen

Die zweite Phase (des Hausbauens) hat mit beruflichem Start, Beginn wirtschaftlicher Selbstständigkeit, Familiengründung, aber auch beruflicher Karriere zu tun. Das Problem in unserer westlichen Gesellschaft ist jedoch, dass bei vielen Männern bei Phase zwei Schluss ist!

Dies führt dazu, dass wir den Übergang nicht erwischen, der alleine zur Phase vier führt, zur Weisheit. Dieser Übergang liegt in Phase drei, dem „Sucher oder Waldbewohner“. Hier geht es um die Herausforderung der Lebensmitte, wo ich allmählich vom Wissen zur Weisheit gelangen müsste, vom Tun zum Lassen, von äußeren Aktivitäten zu inneren Wandlungsprozessen.

Die Herausforderung der Lebensmitte

Aber wer wird sich aufmachen, diesen Weg zu finden, wenn in unserer Gesellschaft und Wirtschaft gar keine „Weisen“ gefragt sind, wenn ganzheitliche, erfahrungsorientierte Weiterentwicklung und Persönlichkeitsreifung vollkommen irrelevant sind, weil man alles auf unerfahrene „Jungdynamiker“ setzt! Wer macht sich dann auf und wird zum suchenden „Waldbewohner“?

Der „Waldbewohner“ steht ja hier für die Entscheidung und Bereitschaft, noch einmal aus dem mühsam erbauten Haus auszuziehen in eine Art Unbehaustheit, wo ich den

Himmel sehe, aber erneut nach dem Weg tasten und suchen muss und meine Sicherheit gegen das noch Ungewisse eintausche.

Der Weg zur Weisheit

Nur wer diesen Weg innerlich auf sich nimmt, gelangt zur Weisheit. Weisheit ist die Fähigkeit, über den Augenblick hinaus zu denken und unabhängig von Nützlichkeitserwägungen zu urteilen. Weisheit weiß, was langfristig erforderlich ist und nachhaltig zum Guten dient.

Verkümmerte und ungelebte Lebensbereiche entdecken und entfalten

C. G. Jung hat gesagt, die Aufgabe, die spätestens in der Lebensmitte für das Individuum ansteht, sei die „Integration“. Damit ist gemeint: die Erweiterung meiner antrainierten Rolle um die noch ungelebten Seiten meines Selbst, meines „Kerns“, also das, was *auch noch* in mir steckt, was ich mich aber noch nie zu leben getraut oder mir gestattet habe.

Wahrnehmen, was sonst noch in mir steckt.

Also zum Beispiel die Befreiung aus der überkommenen geschlechtsspezifischen Rollenzuweisung (ein immer noch nicht abgearbeitetes Thema in unserer Gesellschaft!). Oder die Wahrnehmung von ungelebten Anteilen meiner Person. Oder die Entdeckung von Gaben, die nie geweckt worden sind.

Mir hat man zum Beispiel früher gesagt, dass ich nicht mit Kindern umgehen könne. Das habe ich lange geglaubt und zu meiner eigenen Sichtweise gemacht. Heute merke ich, dass nichts so gut gelingt und mir so viel Freude macht, wie 50 zehnjährigen Kindern in unserer Kirche Geschichten zu erzählen! Aber man hat mir gesagt, das bist du nicht, das wirst du nie können.

Ich kann mehr, als ich dachte.

C. G. Jung meint also, dass wir spätestens in der Lebensmitte fragen sollen, was auch noch zu uns gehört. Welche Lebensträume habe ich für mich ausgrenzen müssen, damit ich dahin kommen konnte, wo ich jetzt bin? Träume, die aber vielleicht doch noch einmal geträumt oder sogar verwirklicht werden müssen. Welche Selbsterfahrungen habe ich nie gemacht, weil ich mich bestimmten Situationen nie ausgesetzt habe?

Habe ich Lebensträume ausgegrenzt?

Bei diesem Integrationsprozess geht es zugleich darum, die Rolle, die ich bisher einstudiert habe, um meinen Platz in der Gesellschaft einzunehmen, zu transzendieren.

Sterbenden Lieder singen und am Sterbebett aushalten

Zur Verdeutlichung folgende Erfahrung aus meinem Beruf als Pfarrer:
Wenn ich zu einem sterbenskranken Menschen ins Sterbezimmer komme, dann singe ich meistens! Man muss Sterbenden Lieder singen, und man muss sie berühren.

Neue Erfahrungen machen

Nun erlebe ich immer wieder, dass sich in einem solchen Augenblick die anwesenden Männer verdrücken. Sie haben sich nie einer solchen Situation ausgesetzt, sie fliehen. Das sind dieselben Männer, die an anderen Stellen begabt, stark, kompetent und aktiv sind. Nur indem ich sie überrede, am Sterbebett auszuhalten und zu bleiben, erweitert sich ihr Erfahrungsraum. Sie erleben, was es heißt, einen Menschen beim Abschied aus diesem Leben zu segnen. C. G. Jung würde vielleicht sagen: Fang an, dich Situationen auszusetzen, die dich verunsichern, die aber geeignet sind, eine neue Lebens- und Selbsterfahrung zu machen.

Die meisten Menschen versuchen zudem, die Aufgaben der zweiten Lebenshälfte mit den Mitteln und Prinzipien der ersten Lebenshälfte zu meistern. Die erste Lebenshälfte bedeutet, dass ich lernen muss, mich an die äußere gesellschaftliche Realität anzupassen. In der zweiten Hälfte geht es um die Anpassung an meine innere Realität. Wer das schafft, wird zu einem *authentischen* Menschen. Welcher Bedarf besteht in unserer Gesellschaft gerade im Blick auf Authentizität und Echtheit!

In der zweiten Lebenshälfte authentisch leben

In der Welt der Politik kann man gut beobachten, was geschieht, wenn die alte Generation (also die der Gründergestalten unserer Demokratie), die zum Teil aus knorrigen, absolut originellen Figuren bestand, ersetzt wird durch einen Phänotypus von Politiker, der im Windkanal mediengerecht und publikumswirksam gestylt wird. Es kommen nur noch medienfähige, sich populistisch gebärdende Karrieristen heraus. Was wird geschehen, wenn sie in der zweiten Lebenshälfte nach demselben Muster weitermachen, ohne Wandlungsphasen? Sie werden nie lernen, das zu integrieren, was sie zu authentischen Persönlichkeiten werden lässt.

Politiker im Windkanal – mediengerecht gestylt

Es geht bei diesem Prozess der zweiten Lebenshälfte sowohl um die Annahme von eigenen Fehlern wie auch um die Entdeckung von Gaben, die ich habe, die aber niemand bei mir abgerufen hat. Es geht um den Umgang mit begangener Schuld und um die Entfaltung meines Selbst. Es geht schließlich um die Annahme meines Sterben-Müssens wie um die Vorbereitung auf die Begegnung mit Gott.

Meine Begegnung mit Gott

Das Geheimnis der Lebensmitte fragt nach vielen kleinen Lern- und Verhaltensschritten. Wer sie versäumt, muss oft von spürbaren, mitunter schweren Krisen zur Aufmerksamkeit gezwungen werden.

Lernschritte zur Selbst-erweiterung

Worin könnten solche kleinen Lernschritte hin zu neuen Erfahrungshorizonten und zur Selbst-Erweiterung bestehen? Ich nenne hier ganz alltägliche, fast banale Möglichkeiten, die für jeden erschwinglich sind:

Männer leben häufig wie Fremdlinge.

a) Tun Sie einmal etwas zu Hause, was sonst immer ein anderer macht.
Zum Beispiel die Betten beziehen oder Blumen umtopfen. Tun Sie das wenigstens ein Mal in ganzer Gegenwärtigkeit, so als gäbe es gerade jetzt nichts Wichtigeres auf der Welt. Außerhalb ihres Berufs leben vor allem Männer häufig wie Fremdlinge. Sie verkümmern privat immer mehr und verlieren dort an Bodenhaftung und simpler Lebensfähigkeit.

Der frühere Wirtschaftsminister Hans Apel hat einmal geäußert, dass er nach zehnjährigem Ministeramt nicht mehr wusste, wie man einen Überweisungsträger ausfüllt. Also tun Sie einmal etwas, was sonst immer jemand anders für Sie erledigt hat.

b) Falls Sie nicht kochen können, lernen Sie, drei einfache, stilvolle Gerichte zu kochen, mit denen Sie abends Ihre Freunde überraschen können. Was glauben Sie, wie stolz Sie sind und wie glücklich die anderen!

c) Wenn Sie lange nicht gesungen haben, legen Sie eine alte Platte der Gruppe auf, die Sie als Student besonders geliebt haben, und singen Sie mit!

d) Pflegen Sie Ihren Stil, d. h. entscheiden Sie, bei welchen Kantinenthemen, Gepflogenheiten oder unbekömmlichen Gesprächsstoffen Sie in Zukunft demonstrativ gelangweilt gucken, weghören oder weggehen wollen. Pflegen Sie Ihren ganz persönlichen guten Stil, den andere respektieren müssen und werden. Sie können es sich spätestens auf dem Weg in die Lebensmitte leisten.

e) Kleben Sie sich, damit Sie Ihre Lebensmitte und deren Chancen nicht verpassen, ein Jahr lang folgendes Gedicht von Josef von Eichendorff an den Badezimmerspiegel:

Chancen der Lebensmitte

Du bist's, der,
was wir bauen,
mild über uns zerbricht,
dass wir den Himmel schauen,
darum verzag ich nicht.

Dieses Gedicht enthält eine tiefe Weisheit, weil es eine ungewöhnliche, aber tief befreiende Grundorientierung gibt: Das, was ich aufgebaut habe, mit Herzblut, vielleicht unter großen Opfern, im Beruf, in meiner Karriere, im Betrieb, das ist doch nicht das Letzte. Es darf vergehen. Und die, die nach mir kommen, werden doch nicht nur Stümper oder Nichtsnutze sein. Ich begreife, dass ich während des „Bauens" schon loslassen sollte. „Mild" soll es zer-

Loslassen lernen!

brochen werden über mir, also möglichst dann, wenn Veränderungen noch auf flexible Weise möglich sind, wenn ich selbst noch flexibel bin und nicht schon an Starrsinn leide. „Dass ich den Himmel schaue! – Darum verzag ich nicht."

Die Weisheit dieses Verses ist einfach faszinierend.

f) Lernen Sie, auf Ihre Gefühle zu achten.

Ich habe einen Menschen kennen gelernt, der mir gestand, dass er vor fünfzehn Jahren einen Selbstmordversuch begangen habe, ausgelöst durch eine schwere berufliche Krise.

Gefühle zulassen

Während unserer Gespräche merkte ich, dass er überhaupt keine Beziehung hatte zu seinen eigenen Gefühlen. Und hier lag offenbar der Grund für seine Kurzschlusshandlung.

Gefühle werden gesellschaftlich freilich nicht zugelassen. Wie sollte man nicht Angst haben, wenn man plötzlich in einer kritischen Verhandlung spürt, wie einem die Knie zittern!

Wir leben in einer „Unkultur" im Umgang mit Gefühlen. Umso deutlicher sage ich: Wenn Sie den Mut haben, an dieser Stelle Eisbrecher zu sein und ehrlich zu sagen: „Meine Herren, ich bin im Augenblick etwas unter Spannung, meine Knie zittern, hören Sie mir bitte trotzdem jetzt zu!", dann kann es das Klima der Verhandlung verändern. Wenn Sie in einer Drucksituation von sich selbst verraten können, dass Sie die ganze Woche kaum geschlafen haben, traut sich vielleicht auch einer der Mitarbeiter zu sagen, dass er im Augenblick zu Hause eine Dauerkrise hat. Vielleicht kommen Sie auf einen menschlichen Nenner, was Wunder bewirken kann im Blick auf die sachbezogene Verständigung. Eine Kultur der Barmherzigkeit wirkt sich langfristig als Leistungssteigerung aus.

Kultur der Barmherzigkeit

So viel nur zum Thema der Gefühle im Zusammenhang mit dem Thema verkümmerten und ungelebten Lebens.

Mit Verletzungen umgehen

Ich gehe davon aus, dass jeder von uns im Leben schon einmal tief verletzt worden ist. Ich glaube auch, dass die, die immer stark sein müssen und nach außen keine Verletzungen zeigen dürfen, vielleicht sogar noch stärker unter Verletzungen leiden. Falls Sie an der Aktualität der Bibel zweifeln sollten, lesen Sie dennoch einmal die Psalmen im Alten Testament. In vielen dieser 150 Psalmgebete geht es um das Thema „Kränkung, die krank macht"; um die Erfahrung mit Menschen, die meine Integrität verletzen, um Erfahrungen des Ausgeliefertseins an Spötter und Verächter.

Kränkungen machen krank.

Sie kennen das! Jemand hat irgendeine Halbwahrheit über Sie in Umlauf gebracht. Wie rechtfertigen Sie sich? Wenn Sie sich zu laut rechtfertigen, sagen die anderen: Wer so laut dementiert, hat es nötig. Wenn Sie gar nichts sagen, wird die Halbwahrheit weiter kolportiert.

Da fängt es an. Das Problem ist aber auch, dass ich als ein Verletzter dazu neige, selbst zu verletzen. Es sei denn, man erfährt Heilung. Heilung findet man nur, indem man einen Ort findet, wo man seine Verletzungen aussprechen kann.

Innere Heilung erfahren

Es gibt in der Welt kaum eine schwierigere Herausforderung als die des menschlichen Zusammenlebens. Viele sachliche oder technische Probleme vermag man zu lösen.

Aber wie löst man menschliche Konflikte?

Wie gehe ich besonders dann mit mir und meinem Nächsten um, wenn der Konflikt offensichtlich auch mit der Niedertracht des Gegenübers zu tun hat? Was mache ich, wenn ich jeden Tag mit einem Menschen zu tun habe, der mich verachtet oder mir ein Verhalten aufzwingt, das ich eigentlich gar nicht praktizieren will?

Wenn Sie Menschen zu führen haben, dann wissen Sie, dass Menschen auch müde machen! Und egal ob Sie Menschen führen oder Untergebener sind, Menschen tun einander weh. Und es gibt zu allem Überfluss wirklich unausstehliche Menschen.

Menschen tun einander weh.

Mit Verletzungen umgehen und Heilung erfahren, geht allerdings nur über den Weg der Vergebung.

Vergebung ist ein Willensakt aus einer tiefen spirituellen Einsicht heraus, keine Gefühlsangelegenheit. Vergebung ist keine sentimentale Angelegenheit und hat überhaupt nichts mit Ich-Schwäche zu tun, sondern erfordert im Gegenteil allergrößte Stärke. Die Stärke besteht darin, dass im Akt der Vergebung etwas in mir sterben muss, nämlich mein Stolz. Vergebung heißt ja auch nicht nur, dass ich den, der an mir schuldig geworden ist, aus der Haft seiner Tat entlasse. Sondern Vergebung ist auch ein Akt der Selbstachtung.

Vergebung ist ein Willensakt.

Vergebung setzt voraus: Ich stelle die Schuld fest, die an

mir geschehen ist. Doch dann entschließe ich mich, Amnestie zu gewähren. Aber dies nicht nur um des anderen willen, der so gemein zu mir war oder mir so misstraut. Sondern ich vergebe auch mir selbst zuliebe! Praktizierte Vergebung ist Entgiftung meiner eigenen Seele.

Vergebung entgiftet die Seele.

Diese Entgiftung in zwischenmenschlichen Beziehungen hat ungeheure schöpferische Folgen, denn Vergebung bedeutet, dass ich etwas aus der Welt schaffe. Wie schafft man etwas, was da ist, aus der Welt? Genau betrachtet ist das ein ebenso schöpferischer Akt wie etwas zu erschaffen, was es noch nie gegeben hat! Wenn Sie ein völlig neuartiges Produkt erfinden, ist das ein schöpferischer Vorgang. Aber etwas, was da ist, zum Verschwinden zu bringen, erfordert die gleiche schöpferische Energie. Das weiß man spätestens beim Thema Müllentsorgung.

Wenn Sie kreativ sein wollen, dann seien Sie es auch bei der Entsorgung der zwischenmenschlichen Störungen. Und warten Sie nicht darauf, dass der andere den ersten Schritt tut.

Entsorgen Sie Störungen.

Es ist eine Weise, mich selbst zu lieben, wenn ich dem anderen vergebe. Weil sonst mein Hass, mein Groll, meine Bitterkeit, meine Verletzungen mich permanent verfolgen.

Rituale im Alltag

Wie fangen Sie Ihren Tag an und wie beenden Sie ihn?

Ich bin ein großer Verfechter von lebensfördernden und heilenden Ritualen. Wir brauchen heute in einem exzessiven, asozialen Individualismus wieder heilende Lebensrhythmen und Lebensrituale. Achten Sie deshalb für Ihre persönliche Lebensgestaltung auf Ihren Tagesanfang und auf Ihren Tagesabschluss.

Heilende Rituale

Ich gebe Ihnen dafür zum Schluss dieses Kapitels eine kleine Empfehlung.

Lesen Sie das folgende Abendgebet, das sich gut als Abendgebet eines Managers eignen könnte. Es ist ein Lied von Matthias Claudius (1740–1815). Achten Sie einmal darauf, welche Gefühle es in Ihnen auslöst:

Der Mond ist aufgegangen,
die goldnen Sternlein prangen
am Himmel hell und klar.
Der Wald steht schwarz und schweiget,
und aus den Wiesen steiget
der weiße Nebel wunderbar.

Wie ist die Welt so stille
und in der Dämmrung Hülle
so traulich und so hold,
als eine stille Kammer,
wo ihr des Tages Jammer
verschlafen und vergessen sollt.

Seht ihr den Mond dort stehen?
Er ist nur halb zu sehen
und ist doch rund und schön.
So sind wohl manche Sachen,
die wir getrost belachen,
weil unsre Augen sie nicht sehn.

Wir stolzen Menschenkinder
sind eitel arme Sünder
und wissen gar nicht viel.
Wir spinnen Luftgespinste
und suchen viele Künste
und kommen weiter von dem Ziel.

Gott, lass dein Heil uns schauen,
auf nichts Vergänglichs trauen,
nicht Eitelkeit uns freun;
lass uns einfältig werden
und vor dir hier auf Erden
wie Kinder fromm und fröhlich sein.

Wollst endlich ohne Grämen
aus dieser Welt uns nehmen
durch einen sanften Tod;
und wenn du uns genommen,
lass uns in' Himmel kommen,
du unser Herr und Gott.

So legt euch denn, ihr Brüder,
in Gottes Namen nieder;
kalt ist der Abendhauch.
Verschon uns, Gott, mit Strafen
und lass uns ruhig schlafen
und unsern kranken Nachbar auch!

III.

Trost und Orientierung für unser Leben

Die Einladung zum Leben

Jesus hat mit ganz wenigen Worten eine grenzenlose Einladung formuliert:

Lassen Sie sich zum Ausruhen einladen.

„Kommet zu mir alle!" Das heißt also: Kommt zu mir! Kommt zu dem Treffpunkt, den Gott selbst festgelegt hat! Was ist das für ein Treffpunkt?

Es ist ein Ort und eine Person, wo man erquickt wird! Genauer: wo geschlauchte und erschöpfte Menschen erquickt werden! Was für ein Ort! Und wer ist unter den Menschen, der nicht auf die eine oder andere Weise neue Kraft braucht!

Sie dürfen Pause machen.

Im Griechischen steht da wörtlich: *anapausoo* – „ausruhen lassen, Ruhe gewähren". Man hört das Wort „Pause" buchstäblich heraus! Und die Vorsilbe „ana" bedeutet: „mitten" bzw. „zwischen". Es steht da also wörtlich: *Mitten im Lebenskampf und den Mühen des Tages eine Pause geschenkt bekommen.*

Damals erging dieses Wort an die Armen, die Jesus – so wörtlich – die „Schwerarbeiter und Lastenträger" nennt: Tagelöhner oder Kleinbauern, die sich abquälten auf steinigem Acker und dann auch noch einen großen Teil der Ernte abliefern mussten als Steuern für Herodes oder die

Römer. Bei diesen Menschen denke ich immer an meine Großeltern und ihre wahnsinnige Plackerei in der Landwirtschaft, bei der sie doch gerade nur den bescheidensten Lebensunterhalt verdienten. Abgearbeitete Frauen, die mit 45 schon verbraucht wirkten.

Aber zugleich möchte man sagen: Das ist eine zutreffende Beschreibung für uns moderne Menschen in den Industrienationen. Pause machen dürfen! Was fällt uns dabei ein? Dieses Wort lädt den Spitzenmanager ein und die überstrapazierte Krankenschwester oder den Arzt, der dreißig Stunden hintereinander Dienst hat, oder die Sonderschullehrerin, deren Nerven vielleicht blank liegen, oder den Akkordarbeiter am Fließband.

Wenn die Nerven blank liegen

Hätten wir das gedacht, dass darin das Reich Gottes zu uns kommen will, dass wir Pause machen dürfen? Wo man doch immer denkt, das Seelenheil beruhe auf zusätzlichen Anstrengungen, weil man doch Punkte sammeln muss, damit Gott am Ende gnädig ist. Wurden nicht sogar im Beichtstuhl Bußen auferlegt, wenn man Vergebung erlangen wollte?

Jesus wusste, dass die Pharisäer den Leuten das Joch von 630 zu befolgenden Einzelgeboten auferlegten. Zu der Schinderei im Alltag kam noch die Schinderei durch göttliche Erwartungen und Gebote hinzu.

Jesus sagt: „Ich lege euch zwar auch ein Joch auf, aber das ist *sanft und leicht.*“

Ruhe finden für die Seele

Was ist das für ein Joch? Jesus sagt: „Dieses Joch besteht darin, dass ihr Ruhe findet für eure Seele.“

Wer endlich Pause machen darf, macht freilich bisweilen die Erfahrung, dass seine Seele genau damit Mühe hat. Auch wenn man äußerlich die Arbeit niederlegt oder vielleicht schon im Ruhestand ist, merkt man, dass die Seele noch längst nicht zur Ruhe kommt. Die Unruhe der Seele ist oft kaum zu stillen.

Aber Jesus sagt: „Wenn ihr zu mir kommt, in die Einflusszone Gottes selbst, dann bekommt ihr Frieden und Seelenruhe, dass ihr endlich aufatmen könnt.“ Endlich aufatmen können.

Bei Gott muss ich nichts leisten. Bei Gott herrscht Seelenruhe. Das ist schon ein starkes Stück Evangelium.

Wen wundert es da, dass die Ausgenutzten und Armen es so gut verstehen und dass die Schwerarbeiter und Lastenträger in Scharen zu Jesus kommen? Wir gesellen uns dazu.
Denn der Heiland spricht, bei wem man Pause machen darf.

Der christliche Glaube – eine vage Theorie?

Der christliche Glaube besteht nicht in vagen Theorien; er ist nicht aus Hirngespinsten erwachsen; er ist auch nicht in das Belieben religiöser Bedürfnisse gestellt. Er hat ein Fundament. Er beruht auf einer geschehenen Geschichte. Er ist kein Menschenprodukt.

Der Glaube hat ein Fundament.

Wir befinden uns heute in einer Epoche, wo Religion genauso individualistisch gehandhabt wird wie die sonstige Lebensgestaltung. „Patchwork-Religion" nennt man das. Such dir auf dem Markt religiöser Angebote das aus, was dir schmeckt! Das ist schick und befreit uns endlich von der Last festgelegter dogmatischer Überlieferungen. Die wenigsten scheinen den Pferdefuß zu bemerken. Denn du kannst sicher sein: Der Gott, der auf diese Weise „entsteht", dieser Gott bist am Ende nur du selbst. Der Mensch schuf Gott nach seinem Bilde, nach seinen Bedürfnissen schuf er ihn. Vor diesem Gott wird man immer bestehen können. Man hat nichts zu befürchten, da er nur eine Kopie der eigenen Wünsche und Gedanken ist; es kommt aber auch kein Trost herüber von einem anderen, rettenden Ufer!

„Patchwork-Religion" als Kopie meiner Wünsche

Lukas will Tatsachen weitergeben, auf denen der Glaube steht. „Ich habe dir Bericht gegeben von allem, was Jesus von Anfang an tat und lehrte."

Jeder Mensch, der zum Glauben an den lebendigen Gott kommt, wird also entdecken, dass er seinen Platz hat in einer übergreifenden Geschichte des Handelns Gottes. Mein kleines Leben gehört hinein in die große Heilsgeschichte und hat darin sozusagen seinen Mutterboden – wie eine Pflanze, die nicht irgendwo in der Wildnis sprießt, sondern in einen Garten gehört, den ein Gärtner angelegt hat. Ich stehe in einem großen Zusammenhang des Wirkens Gottes an und in der Welt. Ich habe meinen Platz in diesem übergreifenden Geschehen. Ich weiß zum ersten Mal überhaupt, wo ich hingehöre und wohin die Reise geht. Ich begreife zum ersten Mal, in welchem Zug ich sitze.

Mein Leben steht in einem großen Zusammenhang.

Das allein ist schon ein unbeschreiblicher Trost für uns heutige Menschen, die wir irgendwie heimatlos zu werden drohen, weil wir in keinen tragenden Ordnungen mehr leben. Wenn wir nämlich nicht wissen, woher wir kommen und wohin wir gehen und dass Gott die Weltgeschichte beim Namen gerufen hat und sie in sein zielorientiertes Handeln hineinnimmt, dann führt das zu einer Art existenzieller und spiritueller Verwahrlosung. Diese Geschichte des Handelns Gottes bewahrt uns davor, das Leben eines streunenden Hundes zu leben.

Existenzielle Verwahrlosung

Von Andreas Gryphius stammt das Gedicht:

Was sind wir Menschen doch!
Ein Wohnhaus grimmer Schmerzen!
Ein Ball des falschen Glücks, ein Irrlicht dieser Zeit.

Ein Schauplatz aller Angst und Widerwärtigkeit.
Gleich wie ein eitel Traum leicht aus der Acht hinfällt
Und wie ein Strom verfleust, den keine Macht aufhält:
So muss auch unser Lob, Nam', Ehr' und Ruhm verschwinden.
Was jetzt noch Atem holt, fällt unversehns dahin.
Was nach uns kommt, wird auch der Tod ins Grab hinziehn.
Was sag ich! Wir vergehn, gleich als ein Rauch von Winden.

Wenn das Leben zerstört wird

Das ist die Bilanz menschlichen Daseins, ungeschminkt formuliert. Das Gefühl davon sitzt uns in den Gliedern – oder kann spätestens dann wachgerufen werden, wenn in Algerien mal eben in ein paar Minuten weit über tausend Menschen durch ein Erdbeben umkommen oder wenn ein einziger Schlag des Schicksals uns so trifft, dass er allen Sinn des Lebens zu zerstören vermag.

Diese Bilanz wird nur aufgehoben, wenn das ganze menschliche Dasein aufgehoben ist in einer übergreifenden Geschichte Gottes, bei der Gottes Gegenwart auch noch die letzten, grauenvollsten Tiefen umschließt und über dem Absurden der Weltgeschichte seine Heilsgeschichte ausruft. Das meint Jesus mit dem Reich Gottes.

Jesus hat in dieser Zeit seine Jünger, die er ausgewählt hatte, vorbereitet auf ihren künftigen Auftrag, den sie von Jerusalem bis ans Ende der Erde ausführen sollten.

Es heißt da, in der Zeit nach Ostern habe Jesus den Jüngern *Weisung* gegeben.

Nachfolge Jesu, lebendiges Christsein steht also unter einer Weisung. Das allein empfinde ich bereits als eine beglückende Wahrheit. Wir meinen ja oft, der höchste Ausdruck von Freiheit und Selbstverwirklichung bestehe darin, dass ich tun und lassen kann, was mir gefällt. Aber Jesus sagt seinen Jüngern, dass der lebendige Gott seine Hand auf ihr kleines Leben legt und es für ein großes Ziel bestimmt. Wer zu Christus kommt und Christus sein Vertrauen schenkt, der wird damit konfrontiert, dass Christus einen Ruf, eine Berufung für ihn hat.

Wenn Gott uns beruft

In einer im globalen Maßstab orientierungslos gewordenen Welt haben viele Menschen einen fast unstillbaren Hunger nach tragfähiger, verlässlicher Orientierung. Moderne fundamentalistische Gruppierungen erstarken, weil sie genau diesen Hunger ausnutzen! Wirkliche, das Leben fördernde Weisung findet man aber nur, wenn man in Berührung kommt mit dem, der selbst das Leben ist, mit Jesus. Der auf Grund seiner Auferweckung von den Toten ein Leben in sich birgt, das den Tod übergreift, in dem der Tod überwunden ist.

Hunger nach Orientierung

Er ist die Quelle des Lebens. Das Leben, das Gott uns Menschen schenken möchte, entsteht da, wo wir Anschluss bekommen an diese Quelle.

Wenn Jesus den Jüngern als die Quelle des Lebens Wegweisung erteilt, dann ist freilich nicht gemeint, dass unser Alltag irgendwie paradiesisch wird. Es bleibt ein „Schauplatz aller Angst und Widerwärtigkeit“. Gemeint ist aber, dass Jesus an diesem Schauplatz da ist; dass er uns auffängt; dass er „das Totenbuch der großen Sterblichkeit“ in ein Buch des Lebens verwandelt. Dieses Leben fließt mit allem Elend und Jammer wie ein Strom hinein in die Gegenwart Gottes und das Geheimnis einer Erlösung, von der wir zunächst nur träumen können.

Die Quelle des Lebens

Jesus wird zur Quelle des Lebens und wandelt damit mein belastetes, angestrengtes Dasein von einem „Wohnhaus grimmer Schmerzen“ zu einer Heimkehr in Gottes Vaterhaus.

Ein neues Ziel – eine neue Orientierung

„Suchet, was droben ist!" (Kol. 3,1)
Hier geht es um das, was ich *Tiefenspiritualität* nennen möchte. Es ist die Frage nach einer Vertiefung unseres Lebens, damit wir zu inneren Erfahrungen gelangen (Jörg Zink, Die goldene Schnur, S. 20 f.). Ich glaube, wir müssen alles tun, um innerlich wach zu bleiben, um nicht abzustumpfen und um unserem Leben eine Verwurzelung in der Tiefe zu geben.

Dem Leben Tiefe geben

Wir leben bereits heute schon so zerfasert, so auseinander gerissen, wie wird es morgen sein, wenn die Welt noch unübersichtlicher wird?

Wir stehen durch die Informationstechnik und die Bereitstellung von virtuellen, künstlich erzeugten Wirklichkeiten mitten in einer Weltrevolution ungeahnten Ausmaßes. Wie kann man vor lauter Sinneseindrücken, Bildern und Ablenkungen noch nach innen finden, sich noch sammeln? Wie kann da Gott tatsächlich Raum finden bei uns?

Woran orientieren wir uns?

Wir werden uns in Zukunft in einer Welt beliebiger und tausendfach sich widersprechender Meinungen immer verlorener vorkommen und jedes Fragen nach Wahrheit wird ein hilfloses Herumstochern sein. Wie behalten wir eine innere Orientierung auf Gott hin?

Wir werden uns auf Datenautobahnen bewegen und werden am Internet hängen wie an einer Nabelschnur – aber wie behalten wir einen Sinn für das Wesentliche und das Unwesentliche und lernen zu unterscheiden?

Und wenn sich in all die Datenüberschwemmungen Propaganda und Werbung, Umnebelung und Manipulation einschleichen und einnisten, wie bewahren wir uns die *Witterung* für heimtückische Manipulationen und die Widerstandskraft, uns zu verweigern?

In einen lebendigen Glauben investieren

Ich glaube, wir werden für einen lebendigen Glauben, der unseren Alltag verwandelt, viel mehr investieren müssen an Zeit und Stille und Sammlung und Abstand.

Wir werden asketischer werden müssen im Blick auf die vielen Informationen und Sinneseindrücke, damit unser Herz noch fähig ist, innere Bilder zu empfangen.

Wir werden die Einsamkeit suchen müssen, damit unser Herz auf einen ganz anderen Kammerton gestimmt werden kann.

Gotteserfahrungen setzen voraus, dass Gott Raum hat und Raum findet in unserem Inneren. Ich meine, dafür sei zweierlei vonnöten:

Zum einen brauchen wir für diesen geistlichen Weg eine Struktur in unserem Tagesablauf, in unserem Wochenrhythmus. Es braucht dafür eine innere Ordnung, um vor Gott präsent und empfänglich zu sein. Das hat mit Tagesanfang und Tagesende zu tun. Je mehr aber unser Berufsalltag uns unter Druck setzt, je unbarmherziger und brutaler dort die Bedingungen sind, unter denen wir existieren, desto notwendiger ist es, eine Struktur der Gottverbundenheit auch mitten in der Arbeitswelt zu gewinnen, genau am Arbeitsplatz, und wenn es fünf Mal zwei Minuten während des Tages sind, wo ich innehalte und sage: „Gott, wenn du in meinem Leben aufstrahlen willst, dann sei du hier um mich, dann will ich wach sein und auf dich hören!“ Und nach solchen Worten einfach eine Minute still verharre, wo immer ich dafür einen Platz finde, der das möglich macht.

Strukturen für unseren Tagesablauf

Wir brauchen Zeiten des Hinweggehens, des Lauschens, des Staunens. Zeiten, wo der Lärm der Welt und der Lärm meiner eigenen Gedanken und Pläne sich legen kann. Das schafft eine tragende innere Struktur. Eine Erweiterung meines Innenraums für Gott, wodurch mein „Dasein geräumiger wird“ (Jörg Zink).

„Wir brauchen Zeiten des Lauschens und Staunens.“

Einer der großen Wüstenväter des 3. Jahrhunderts, Johannes Cassian, sagte einmal: „Unser Herz ist wie eine Daunenfeder. Wenn eine Daunenfeder sauber und trocken ist, dann fliegt sie wie von selbst beim leisesten Lufthauch empor. Wenn sie hingegen naß und verklebt ist, kann sie nur zu Boden fallen.“

Ist mein Herz, mein inneres Leben, meine Seele wie eine nasse und verklebte Daunenfeder, die immer nur nach unten fällt? Wie kann sie gereinigt und getrocknet werden, sodass der leiseste Hauch von Gott mein Herz erreicht und weiß: Gott ist durch Jesus erreichbar, er ist da.

Es gibt im Christentum das, was man *Mystik* nennt. Darum geht es hier.

Es geht um Mystik.

Solch ein Wachsein und Achtgeben auf den Zustand unseres Herzens macht uns frei und stark und heiter und gelassen und damit mutig in einer Welt, die die Menschen immer stärker fesselt, spirituell aber immer mehr verkümmern lässt.

Was will eigentlich Gott?

„Dein Wille geschehe" – mit dieser Bitte des „Vaterunser" setzen wir uns wohl dann am meisten auseinander, wenn es um Krankheit und Sterben geht. Wenn wir in die Lage geraten, dass unsere tiefste und vitalste Lebenssehnsucht sich nicht weiter erfüllt, sondern wir vielleicht in etwas Unabänderliches einwilligen müssen.

Wenn es ernst wird

Es ist bezeichnend, dass wir zu dieser Bitte des „Vaterunser" ausgerechnet eine der bewegendsten und vielleicht sogar menschlichsten Berichte aus dem Leben Jesu haben: die Nacht in Gethsemane.

Dieser Bericht verbietet jede philosophische und akademische Betrachtungsweise.

Die Tatsache, dass Jesus Rotz und Wasser geheult hat, dass er Angst hatte wie einer nur Angst haben kann, dass das eine Krise war für Jesus, ein ungeheurer innerer Kampf – das macht klar, dass die Frage nach dem Willen Gottes keine Gedankengymnastik ist, sondern dass sie erlitten wird: Gott, was willst du für mich und mit mir, wie kann ich den Weg erkennen, den ich gehen soll, wie werde ich fertig mit meiner Angst und wie kriege ich die Kraft, wenn ich leiden muss?

Wie kriege ich Kraft?

Die Bitte, dass Gottes Wille sich durchsetzt in meinem Leben, setzt Wachen voraus. Wachen, das ist eine innere Haltung. Wachen heißt: in Berührung sein mit sich selbst. Was fühle ich? Was geht in mir vor? Welche Motive leiten mich? Woran hängt mein Herz? Wovor habe ich Angst? Ist mein Herz nahe an Gottes Herz? Wachen heißt aber vor allem: in Berührung bleiben mit Gott. Vor Gott sein. Vor Gott aushalten – mit oder ohne Antworten. In Berührung mit Gott bleiben.

Niemand kann Ihnen sagen, worin Gottes Wille für Sie besteht. Und jetzt spreche ich nicht nur von Leiden, Krankheit oder Sterben. Ich meine auch Ihr tätiges Leben. Ihr Tun und Lassen. Das, womit Sie Ihre Tage und Jahre ausfüllen. Die Linie, der Sie folgen. Was ist Gottes Wille? Gott sagt es uns nicht durch einen Vogel mit einem Zettel im Schnabel. Es ist nötig, ein wachender, ein wacher Mensch zu sein und sich nicht in Betäubungen gleich welcher Art zu flüchten.

Was ist Gottes Wille?

Die Frage nach Gottes Wille ist nicht nur die ganz persönliche Bitte eines Menschen, der Gottes Wille erkennen und tun möchte. Sondern es heißt im „Vaterunser“: „Dein Wille geschehe auf der Erde, wie er jetzt schon im Himmel geschieht.“

Und damit wird ein ganz weiter Horizont aufgerissen. Es geht nicht nur um die Bewältigung meiner Pläne. Es geht um Gottes Reich. Um seinen Willen für diese Erde, für unsere Welt, für die Menschheitsfamilie, für die großen

Ein neuer Horizont

Dimensionen des Schicksals der ganzen menschlichen Zivilisation: *Dein* Wille geschehe!
Es wird nicht mehr möglich sein, den Willen Gottes im sozialen und politischen Leben dadurch zu neutralisieren, dass man sagt: Das ist in dieser Welt nicht möglich. Eine gerechtere Sozialordnung ist nicht möglich, weniger Waffen sind nicht möglich, Entschuldung der Entwicklungsländer ist nicht möglich, eine gerechtere Verteilung der Güter dieser Erde ist nicht möglich. Die Vernunft sagt: Das ist nicht möglich.

Das ist nicht möglich.

Diese Dinge sind alle nicht möglich, sagt die Vernunft. Wer also betet: *Dein Wille geschehe auf der Erde*, der wird die Vernunft und die Erfahrung zu seinen intimsten Widersachern haben. Die Vernunft und die Erfahrung sagen: Es geht nicht. Wir sollen aber beten: Dein Wille, also das, was in dieser Welt überhaupt nicht funktioniert, soll geschehen, und zwar genau so, wie es im Himmel schon der Fall ist.

Zwei Grunddimensionen: Wahrheit und Recht

Was heißt das konkret?
Der Wille Gottes spiegelt sich in zwei Grunddimensionen: in Wahrheit und Recht.

Wir erleben zurzeit eine politische Wirklichkeit, national und international, in der gemauschelt und vertuscht und gelogen wird auf Teufel komm raus. Ob es um Kriegsbegründungen geht oder um die wirtschaftlichen Machtspiele dieser Welt. Die großen Finanz- und Kapitalgeschäfte haben die Lüge und das Verbergen der wirklichen Interessen wie einen Messdiener an ihrer Seite.

Der Wille Gottes ist aber die Wahrheit und das Recht.

Das liegt daran, dass Gott ein Gott ist, der die Toten auferweckt: Alles kommt an den Tag.

Totenauferweckung heißt: Alles wird vor Gott einmal öffentlich.
Und darum beinhaltet der Wille Gottes auf der Erde schon jetzt, dass sozusagen Öffentlichkeit geschieht. Ein Ende des Verbergens und Vertuschens, der Mauschelei, der Verdrängungen und Verschleierungen. Übersetzen Sie das einmal in den Alltag Ihres Berufslebens! Dann wird es wohl spannend. Dann fängt das Christsein nicht erst nach Feierabend an.

Nicht vertuschen und mauscheln

Der Wille Gottes ist, dass die Wahrheit gesagt und getan wird. Und dass mit der Wahrheit das Recht einhergeht.

Es ist Zeit, dass wir aufhören, die Frage nach dem Willen Gottes zu verniedlichen und aufs Private zu reduzieren.

Es geht um Gottes Willen auf der Erde und für diese Erde. Wenn das unsere Hauptsorge wäre, dann regelten sich viele Kleinigkeiten von selbst.

Nach Gottes Reich und seinem Willen trachten, das heißt: dem ersten Gebot mitten im Leben Raum zu geben, damit Gottes Wirklichkeit aufstrahlt und die Menschen merken, dass ein Gott im Himmel ist, dem diese Erde gehört mit allem, was sich auf ihr abspielt.

Geben Sie Gott Raum in Ihrem Leben.

Wer sich diesem Ruf stellt, lernt den aufrechten Gang und verlernt das Kriechen vor anderen. Der Wille Gottes ist unser größter Freiheitsgewinn. Er macht uns in Wahrheit zu *Menschen.*

Wie dringend braucht die Welt solche Menschen!